AF611063

L27 n
23389

ÉLOGE
DE F. MÊLIER

INSPECTEUR GÉNÉRAL DES SERVICES SANITAIRES
ANCIEN PRÉSIDENT DE L'ACADÉMIE IMPÉRIALE DE MÉDECINE DE PARIS
COMMANDEUR DE LA LÉGION D'HONNEUR, ETC., ETC.

PRONONCÉ

DANS LA SÉANCE SOLENNELLE DE RENTRÉE
DE L'ÉCOLE DE MÉDECINE ET DE PHARMACIE DE LIMOGES
le 15 novembre 1866

PAR

M. LE DR BARDINET
DIRECTEUR DE L'ÉCOLE

PARIS
J. B. BAILLIÈRE ET FILS
LIBRAIRES DE L'ACADÉMIE IMPÉRIALE DE MÉDECINE
19, RUE HAUTEFEUILLE, PRÈS LE BOULEVARD SAINT-GERMAIN
—
1867

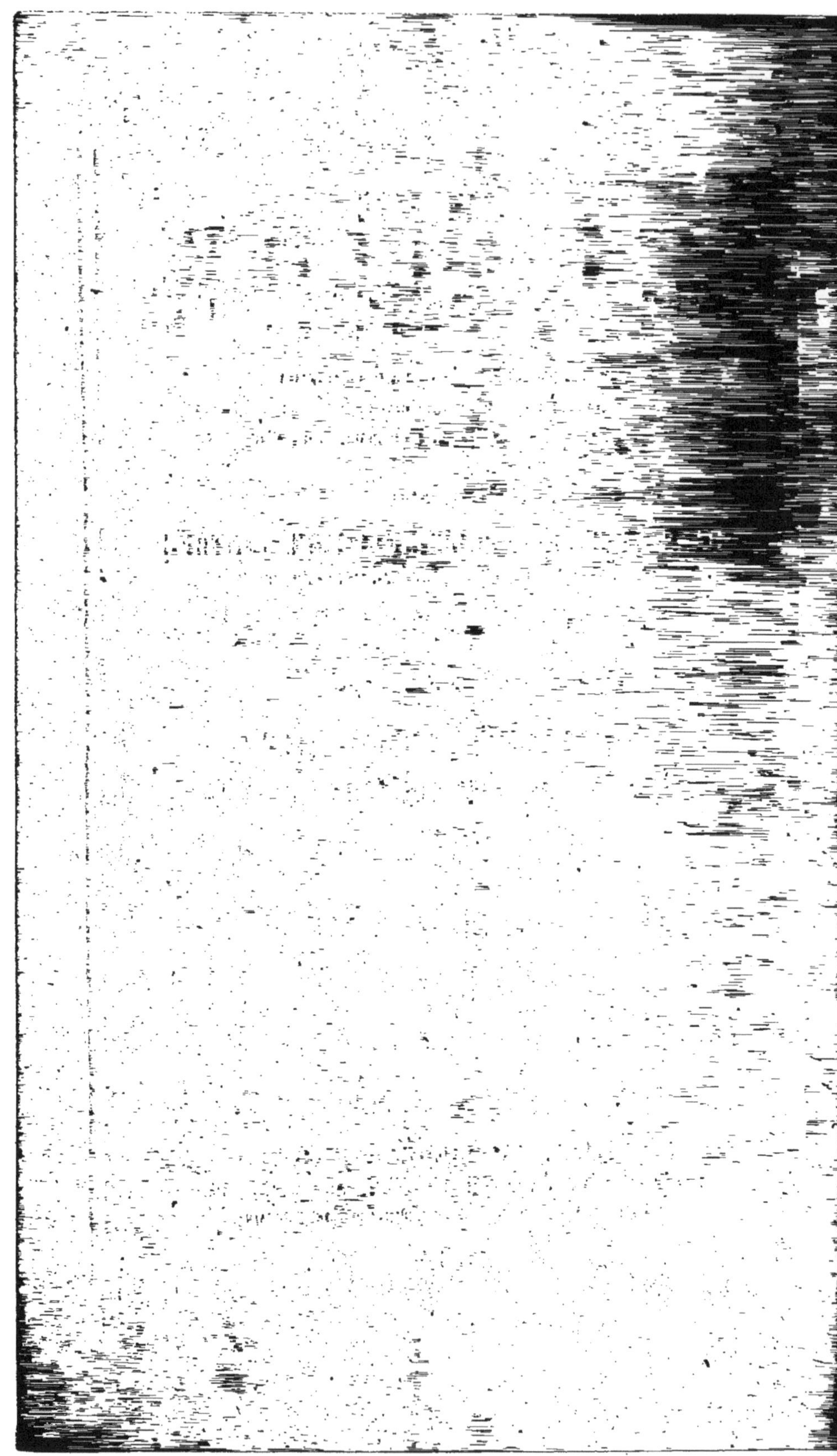

ÉLOGE

DE F. MÊLIER

INSPECTEUR GÉNÉRAL DES SERVICES SANITAIRES
ANCIEN PRÉSIDENT DE L'ACADÉMIE IMPÉRIALE DE MÉDECINE DE PARIS
COMMANDEUR DE LA LÉGION D'HONNEUR, ETC., ETC.

PRONONCÉ

DANS LA SÉANCE SOLENNELLE DE RENTRÉE
DE L'ÉCOLE DE MÉDECINE ET DE PHARMACIE DE LIMOGES

le 15 novembre 1866

PAR

M. LE Dr BARDINET
DIRECTEUR DE L'ÉCOLE

PARIS
J. B. BAILLIÈRE ET FILS
LIBRAIRES DE L'ACADÉMIE IMPÉRIALE DE MÉDECINE
19, rue Hautefeuille, près le boulevard Saint-Germain

1867

ÉLOGE

DE F. MÊLIER

Le corps médical a perdu, il y a deux mois à peine, un homme dont le nom ne peut être oublié dans cette réunion solennelle.

Nous devons le rappeler pour lui rendre un juste hommage de regrets et d'éloges ; nous devons le rappeler, surtout, parce qu'il résume une de ces vies toutes dévouées à la science et à l'humanité qui, pour les maîtres comme pour les élèves, sont vraiment dignes de servir de modèles.

Nous voulons parler de M. MÊLIER, inspecteur général des services sanitaires, ancien président de l'Académie impériale de médecine de Paris, commandeur de la Légion d'honneur, etc., etc., né à Chasseneuil (Charente), le 14 juillet 1798, décédé à Marseille, le 16 septembre 1866.

M. Mêlier n'était pas né dans notre département, et si nous nous en tenions à la considération étroite de limites purement territoriales, nous n'aurions pas le droit de le revendiquer pour un des nôtres.

Mais il était issu d'une famille limousine ; il était né sur les confins de la Haute-Vienne ; il avait fait ses humanités au lycée de Limoges, et c'est à notre hôpital qu'il avait commencé ses études de médecine.

Il y a bien peu de temps encore, il nous faisait l'honneur de nous le rappeler. Il revenait avec bonheur sur ces premiers temps de sa jeunesse. Il nous parlait, avec un souvenir affectueux et ému, de ses anciens condisciples et de ses premiers maîtres. Mais, quand nous ajoutions, au nom de notre École, que nous nous sentions fiers de cette communauté d'origine, il s'excusait avec modestie, et croyait se mettre hors cause en énumérant tous les grands noms dont s'honore notre Limousin médical. — Il n'en conservera pas moins dans nos annales une des meilleures places, et les élèves de cette École ne citeront jamais qu'avec un respect mêlé d'orgueil leur éminent devancier.

M. Mêlier s'était créé, à Paris, une grande position ; il avait su s'entourer, ce qui vaut mieux, de l'estime publique et des meilleures, des plus solides amitiés. Tous ceux qui ont parlé de lui, depuis sa mort, ont été unanimes à lui rendre cette justice qu'il réunissait, au plus haut degré, cette simplicité de bon goût et cette dignité vraie qui sont partout d'un si haut prix, mais qu'on aime, plus particulièrement peut-être, à rencontrer chez le médecin. Sa bonté, sa modestie, sa discrétion ont été louées sans réserve par les voix les plus autorisées (MM. J. Bergeron[1], Roche[2], Amédée Latour[3], Robinet, Alphonse Guérard[4], Dugas[5], etc.), et ces qualités qui prennent trop souvent, quand on les pousse à l'excès, un caractère négatif qui les rend impuissants, étaient fécondées chez lui par une netteté d'esprit et une fermeté de

[1] Bergeron, *Discours prononcé au nom de l'Académie de médecine, sur la tombe de M. Mêlier.* (*Bulletin de l'Académie de médecine*, 1865-66, tome XXXI, p. 1167.)

[2] Roche, *Bull. de l'Académie de médecine*, tome XXXI, p. 1173.

[3] A. Latour, *Union médicale* du 22 septembre 1866, p. 562.

[4] A. Guérard, *Notice biographique sur M. Mêlier.* (*Annales d'hygiène*, 1866, 2e série, tome XXVI, p. 464.)

[5] Dugas, *Recueil des Actes du Comité médical des Bouches-du-Rhône.* Marseille, 1866, tome VI, p. 335.

résolution qui amenaient toujours, au point de vue pratique, les meilleurs résultats.

Ces mérites divers, qu'on trouve si rarement réunis chez la même personne, étaient particulièrement nécessaires à M. Mêlier, et expliquent le succès de sa vie médicale.

Ce n'est pas, en effet, à la pratique ordinaire de la médecine que M. Mêlier s'était dévoué et avait demandé la renommée qui devait, plus tard, s'attacher à son nom.

« Ses travaux, — a dit M. Amédée Latour avec son beau langage, — ses travaux avaient pour but la grande science, la science suprême, la science sociale par excellence, celle qui dirige le genre humain dans les voies providentielles de la perfectibilité ; qui le pousse irrésistiblement vers son amélioration physique, intellectuelle et morale : j'ai nommé l'hygiène publique. »

Séduisante étude, Messieurs les élèves, qui, à côté du champ ordinaire de vos travaux habituels, vous ouvre une mine féconde et d'une richesse sans limites. Il ne s'agit plus, en effet, comme dans la pratique usuelle, d'un homme, mais des hommes. Le bien que vous pouvez faire, en provoquant une amélioration, ne se restreint plus, dès lors, aux proportions, toujours respectables sans doute, mais nécessairement bornées, d'un bienfait particulier. Il se multiplie à l'infini, prend des proportions immenses, et, si grande que soit votre ambition d'être utile, peut toujours la satisfaire.

C'est surtout à la médecine qu'il appartient de préparer la solution des grands problèmes que soulève l'hygiène publique. Mais, réduite à ses propres efforts, la science courrait grand risque de rester impuissante. Il faut, pour aboutir, qu'elle soit secondée par l'opinion et les pouvoirs publics. De là une sorte de collaboration, de coopération forcée qui nécessite chez le médecin un assemblage particulier de qualités.

La science ne suffit pas : trop absolue et trop roide, elle échouerait toujours. Petit malheur, assurément, s'il ne s'agissait que de l'amour-propre des hommes qui la représentent; malheur sérieux, au contraire, et souvent des plus graves, s'il empêche des réformes et ajourne des progrès qui intéressent les populations ou même l'humanité entière.

Il faut donc estimer comme particulièrement utile l'homme qui, possédant la science, possède aussi le talent de la faire accepter et de lui faire porter tous ses fruits.

M. Mêlier se distinguait, au suprême degré, par ce double mérite.

Il avait une science des plus étendues, des plus précises, des plus pures; et il la présentait avec tant de netteté, — avec tant de fermeté, et, en même temps, de mesure; — il savait lui donner une forme si pleine de convenance et d'attrait, — que ses conseils étaient accueillis partout avec une respectueuse confiance qui en assurait le succès.

C'est là, Messieurs, un genre de mérite qu'il est bon de rappeler devant de jeunes médecins. — Il n'a rien de commun avec cette habileté de mauvais aloi qu'on appelle vulgairement le savoir-faire.

La modération dans la pensée, la mesure dans les actes, n'est-ce pas en effet ce qui constitue, pour employer un mot consacré, le véritable esprit de conduite? Qualité précieuse entre toutes, entre toutes aussi honorable, — et dont nul ne saurait se passer sans dommage dans la pratique de la médecine.

C'est elle, Messieurs les élèves, qui vous apprendra à vous garer de tout ce qui est exagération dans la pensée, ou mauvais goût dans la forme; — qui vous apprendra à faire triompher vos opinions, non par la violence du langage et la critique acerbe des opinions contraires, mais par une exposition nette, précise, bien ordonnée, rigoureusement déduite des raisons qui vous audont convaincu vous-même. Elle ne vous détournera d'y joindre — (si les Muses vous en ont fait l'heureux don) — la richesse de l'expression et la beauté de la forme; mais elle vous dira surtout de rester toujours vrai, toujours juste; elle vous dira que votre cause y gagnera plus qu'à toute autre défense, et que votre dignité personnelle en ressortira plus pure et plus respectée.

C'est ainsi que procédait M. Mêlier. — Il a eu des missions délicates à remplir. Il s'est trouvé en présence de positions difficiles; — bien d'autres y eussent échoué; mais, en toute occasion, il a su remplir son devoir avec honneur pour lui, avec utilité pour la chose publique.

Nous en aurons la preuve en reprenant en détail sa vie et ses travaux.

Nous avons dit que M. Mêlier avait fait ses humanités à Limoges. C'était en 1813 et 1814. Il habitait chez son grand-oncle, M. Betoulat, et suivait les cours du lycée comme externe. Il avait pour professeur un ancien oratorien, M. l'abbé Valrivière, dont l'enseignement, à cette époque, était très-renommé.

M. Mêlier avait dès lors l'intention bien arrêtée de se faire médecin; c'était chez lui une vocation qui n'avait jamais varié depuis sa première jeunesse.

Aussi, tout en terminant ses classes au lycée, commença-t-il à suivre les visites et les cours des médecins de notre hôpital.

Il devint externe, puis interne.

L'hôpital de Limoges recevait alors un assez grand nombre d'élèves, non-seulement de la Haute-Vienne, mais des départements voisins. Leur admission était faite avec une grande régularité par les administrateurs de l'établissement. J'ai pu constater sur les registres que, en 1794, 31 élèves nouveaux avaient été inscrits. Je ne puis assurer qu'il en fut toujours ainsi, mais ce nombre mérite d'être signalé.

Les administrateurs ne s'occupaient pas seulement de l'admission et de la surveillance des élèves; ils cherchaient, avec un zèle que nous ne saurions assez louer, à rendre leur instruction plus complète, et provoquèrent successivement la création de plusieurs cours,

Je ne puis entrer aujourd'hui dans de longs détails sur cet enseignement, qui devait aboutir plus tard à la création de notre École.

Mais je puis rappeler que les administrateurs publièrent, en 1812, un règlement complet pour le service de santé.

On aime à voir dans ce règlement la question du *concours*, qui a toujours le privilége de passionner notre monde médical, posée et résolue de la manière la plus nette.

« A l'avenir, y est-il dit, nul ne sera admis en qualité d'élève interne *qu'au concours.* »

Et ce concours avait lieu avec une véritable solennité. Ainsi je lis dans le procès-verbal du 25 juin 1812 :

« Sont présents *tous les administrateurs.*

« Les fonctions d'examinateurs sont remplies par MM. Péconnet et Faye, médecins; Fournier et Thibaut, chirurgiens.

« *M. le maire* préside la séance..... L'examen terminé, il proclame *le vainqueur.* »

C'est devant ce jury que M. Mêlier se présenta, le 19 novembre 1814. Il est dit dans le procès-verbal de ce jour : « M. Mêlier est nommé interne à l'unanimité. »

Saluons, Messieurs, cette première victoire. Elle est le prélude et le gage de succès plus sérieux !

En 1817, M. Mêlier partit pour Paris, « emportant, aimait-il à répéter plus tard dans sa famille, les meilleurs certificats des médecins de l'hôpital de Limoges. » Il continua ses études avec une distinction toujours croissante, et fut reçu docteur le 19 juin 1823. Il avait été interne de première classe et lauréat des hôpitaux. C'était la preuve d'un travail sérieux et de connaissances étendues. Aussi se trouva-t-il immédiatement en mesure de montrer ce dont il était capable.

De 1823 à 1829, les journaux de médecine publièrent de lui de nombreux articles qui furent remarqués. Ces premiers écrits s'appliquaient indistinctement à la médecine, à la chirurgie, à la thérapeutique. M. Mêlier n'avait pas encore définitivement choisi la voie qu'il devait plus tard parcourir avec éclat.

Mais, dès 1827, on le vit ouvrir, à l'Athénée royal de Paris, un cours auquel il donna résolûment le titre de cours de *médecine publique ou politique*. Le programme de cet enseignement embrassait toutes les grandes questions de l'hygiène publique et de la médecine légale. Les premières, surtout, y étaient traitées avec un développement qui annonçait une prédilection toute particulière, et qui pouvait faire pressentir les rares mérites d'observation exacte, d'analyse ingénieuse, d'exposition précise qui devaient distinguer plus tard les travaux de M. Mêlier.

Un mémoire détaché de ce cours fut présenté à l'Académie de médecine en 1828. Il avait pour titre : *De l'influence de l'instruction sur la santé publique et la mortalité*.

Ce n'est pas sans une certaine émotion, je l'avoue, que je rappelle ce titre. — Vous savez tous que les journaux publiaient, il y a quelques jours, les tableaux statistiques dressés à l'occasion du recrutement de 1866 et indiquant le nombre des illettrés dans chaque département. — Nous avons tous eu la douleur de voir que la Haute-Vienne occupait le dernier rang sur la liste. 54 jeunes gens sur 100 n'y savent ni lire ni écrire!

Ce résultat, je me hâte de le dire, quoique constaté en 1866, ne donnerait pas une idée juste de ce qu'est aujourd'hui l'instruction primaire en Limousin. Il s'applique surtout à la période éloignée déjà qui correspond à l'enfance de nos conscrits actuels.

D'énergiques efforts ont été faits, dans ces dernières années, pour répandre l'instruction jusqu'au fond de nos campagnes les plus pauvres et les plus reculées. Notre population rurale a profité des facilités qui lui étaient offertes avec un empressement qui l'honore et qui assure les meilleurs, les plus prochains résultats. La cause de l'instruction publique est donc, on peut le dire, définitivement gagnée parmi nous.

Mais, si l'on peut envisager l'avenir avec confiance, comment n'être pas affligé, humilié, en reportant ses souvenirs vers un passé où la misère de l'esprit pesait si lourdement sur notre pauvre pays? — Comment, en revanche, ne pas se sentir pénétré de sympathie, je dirais de reconnaissance, pour cet ancien élève de notre lycée, pour cet ancien interne de notre hôpital, qui, dès 1827, proclamait si haut, à Paris, les bienfaits de tout genre de l'instruction publique?

Je ne dois pas m'attarder en de trop longs récits. Je passe donc sur tout ce qui ne présente qu'un intérêt secondaire. Mais les principaux travaux de M. Mêlier, sur l'hygiène publique, ont eu trop de retentissement et sont d'un intérêt trop général pour que je ne m'efforce pas de vous les faire connaître.

Le 7 septembre 1841, M. Mêlier lisait, à l'Académie de médecine, un mémoire ayant pour titre : *Des subsistances, envisagées dans leurs rapports avec les maladies et la mortalité.*

Reprenant les recherches que Messance avait faites sur une période de 90 ans, de 1674 à 1764, M. Mêlier arrivait à établir, comme son devancier, que la mortalité est soumise à l'influence du prix du blé et du pain.

Toutes les fois que le premier des aliments devient d'un prix plus élevé, la population est atteinte, dans son développement, d'une manière fâcheuse : les maladies deviennent plus fréquentes; toute la partie faible de la population, femmes, enfants, vieillards, est particulièrement frappée; les décès se multiplient, et, en même temps, les mariages deviennent plus rares, les naissances moins nombreuses.

Mais, après avoir constaté le mal, M. Mêlier, faisant un retour sur le passé, démontre qu'il est moins grand à notre époque qu'il ne l'était autrefois. Cette différence tient à plusieurs causes en tête desquelles il convient de placer l'introduction de la pomme de terre dans l'alimentation.

On admet généralement aujourd'hui que le rapport des décès aux naissances ne varie, sous l'influence des disettes, que dans une assez faible proportion. — On l'a vu autrefois constituer une différence du quart, du tiers, ou même de la moitié.

Mais nous n'avons plus à souffrir de privations comme celles qui, à différentes époques, ont désolé le pays. Quand les subsistances deviennent rares, il peut en résulter des disettes plus ou moins grandes ; mais cela ne va pas jusqu'à constituer une de ces horribles famines qui se reproduisaient si souvent au moyen âge. « En France seulement, les historiens en comptent 26 au onzième siècle et 51 au douzième[1]. » La famine tous les deux ans, et cela durant un siècle !

Grâce aux progrès de la civilisation, aux perfectionnements de l'agriculture, à l'abaissement des barrières locales, à la merveilleuse facilité des communications de tout genre et à la liberté du commerce, de pareils désastres ne se voient plus de nos jours, et ne doivent plus figurer, espérons-le, parmi les perspectives douloureuses dont peut encore s'affliger l'humanité.

Mais, si les famines et les disettes s'éloignent, l'accroissement constant de la population ne les ramènera-t-il pas? Et peut-on songer, sans inquiétude, à cette fameuse loi de Malthus, d'après laquelle il y aurait dans la population une tendance à dépasser, pour ainsi dire, indéfiniment les moyens de subsistances?

M. Mêlier démontre, par ses recherches, qu'il n'y a rien à redouter de ces vues théoriques.

Il est très-vrai que la population pourrait prendre un développement d'une rapidité surprenante... « si rien ne venait arrêter son développement. » Mais y a-t-il donc au monde une seule production qui ne soit arrêtée par rien dans sa marche?

S'il en pouvait être ainsi, quelques espèces priviligiées auraient bien vite pris un développement sans limites et fait rentrer dans

[1] Tardieu. *Dictionnaire d'hygiène*, tome III, p. 424.

le néant toutes les autres espèces dont l'harmonieux ensemble fait la richesse et la beauté de la nature.

La population ne s'accroît donc pas aussi démesurément qu'on a pu le supposer.

S'il lui suffit, en Amérique, de 25 ans pour doubler, de 50 ans pour quadrupler, c'est surtout aux immigrations qu'on le doit. Il n'en est plus ainsi dans les autres pays. — Il résulte de statistiques récentes qu'il faudrait, pour le doublement de la population, en Belgique, 41 ans; en Autriche, 52 ans; en Prusse, 70 ans; en Angleterre, 78 ans; en Russie, 95 ans; en Suisse, 97 ans. — Le doublement s'opèrerait chez nous bien plus lentement encore. Il ne pourrait s'achever qu'en 132 ans suivant certains calculs, en 138 ans selon d'autres.

Cette grande question a été reprise tout dernièrement à l'Académie de médecine, à l'occasion de l'effrayante mortalité qui sévit sur les enfants de Paris que l'on confie à des nourrices de province. Et le directeur de l'assistance publique a pu dire : « Aujourd'hui, on ne saurait se le dissimuler, la population, cette première richesse des pays civilisés, cette première force des nations puissantes, diminue en France ou y est à peu près stationnaire. »

Les subsistances, d'autre part, ne restent pas dans cet état d'infériorité relative qu'on avait rendu célèbre en disant : Si la population s'accroît en proportion géométrique (: : 1, 2, 4, 8, 16), les aliments ne pourront croître qu'en proportion arithmétique (: 1, 2, 3, 4, 5).

Les recherches de M. Mêlier ont prouvé que, de 1815 à 1835, l'accroissement de la récolte en blé a été, comme celui de la population, de 12 pour 100. — On sait, d'une manière plus générale, que, depuis Louis XIV, la moyenne générale des récoltes a doublé, tandis que la population n'a augmenté que de 70 pour 100 (Moreau de Jonnès). Les ressources alimentaires de la France l'emportent donc sur ses besoins, et rien ne prouve qu'elles ne puissent s'accroître encore d'une manière indéfinie.

C'est que, en fait de production, la terre n'est pas tout. Ses produits spontanés sont, pour ainsi dire, sans importance quand on les compare à ceux qu'un travail habile et un capital suffisant peuvent lui arracher.

Or, combien n'avons-nous pas de terres incultes; combien n'avons-nous pas de terres incomplétement cultivées! — Il faut donc, surtout, compter avec le travail, avec l'industrie de l'homme.

Développez ses forces physiques par une bonne hygiène, élevez son intelligence par l'instruction, et vous verrez le sol devenir sous ses mains d'une fécondité merveilleuse.

« Après tout, a dit un éminent historien, l'espace n'est rien!

« Souvent, sur la plus vaste étendue de terre, les hommes trouvent de la difficulté à vivre, et souvent, au contraire, ils vivent dans l'abondance sur la plus étroite portion de terrain. Un arpent de terrain, en Angleterre ou en Flandre, nourrit cent fois plus d'habitants qu'un arpent de terre dans les sables de la Pologne ou de la Russie.

« L'homme porte avec lui la fertilité. Partout où il paraît, l'herbe pousse, le grain germe! »

Le bon sens public avait parfaitement compris cette perfectibilité indéfinie, qui est commune à l'homme et à la terre, et les unit l'un à l'autre, quand il formulait ce vieux proverbe, si encourageant et si vrai : *Tant vaut l'homme, tant vaut la terre!*

Un grand écrivain a donc eu raison de s'écrier : « Il y a place pour tous sur la terre! Dieu l'a rendue assez féconde pour pourvoir abondamment au besoin de tous. »

Mais ce n'est pas seulement au point de vue de la prospérité matérielle de la population qu'on doit désirer de voir les subsistances abondantes. La morale publique se trouve aussi sérieusement intéressée dans la question.

M. Mêlier a démontré que, en temps de disette, la justice avait toujours à réprimer un plus grand nombre de crimes, et particulièrement de vols. — C'est que la faim a toujours été mauvaise conseillère; *male suada fames*, avaient dit les anciens.

Le 9 mai 1843, le ministre de l'agriculture et du commerce consultait l'Académie de médecine *sur la santé des ouvriers employés dans les manufactures de tabac*. — L'Académie chargea M. Mêlier d'étudier la question et de préparer un projet de réponse. M. Mêlier, tout récemment admis à l'Académie, tint à honneur de payer sa bienvenue. Il fit une étude approfondie du sujet, non sur des pièces écrites et dans le calme du cabinet, mais dans les manufactures mêmes, et au milieu des ouvriers dont il avait pour mission de protéger la santé. Rien ne lui coûtait pour arriver à une connaissance exacte de la vérité. Il avait horreur de l'à-peu-près des opinions toutes faites, des jugements formulés d'avance. Il voulait tout voir, et le bien voir. Aussi multipliait-il les visites à la manufacture, les séances dans les ateliers, l'examen minutieux des opérations, les conférences avec les chefs, les longues et familières causeries avec les ouvriers. Il arrivait ainsi à connaître à fond son sujet; et il le traitait avec une telle précision, avec un ensemble si complet de bonnes informations et de renseignements utiles; il s'exprimait avec un tel accent de sincérité honnête et convaincue, qu'il inspirait immédiatement la confiance et faisait autorité. C'est incontestablement le caractère le plus saillant de ses divers travaux.

Toutes ces qualités se retrouvent à un très-haut degré dans son rapport sur la question qui nous occupe.

Les observateurs les plus distingués étaient en désaccord. Ramazzini [1] avait fait du travail dans les manufactures de tabac une occupation des plus dangereuses. Parent du Chatelet [2], au

[1] Ramazzini. *Traités des maladies des artisans*, par Ph. Patissier. Paris, 1822.

[2] Parent du Chatelet et d'Arcet. *Mémoires sur les véritables influences que le tabac peut avoir sur la santé des ouvriers.* (*Ann. d'hygiène publique*, 1829, tome Ier, p. 169.)

contraire, l'avait déclaré sans inconvénients d'aucun genre.

Quelques médecins attachés aux manufactures allaient plus loin encore. Ils soutenaient que les émanations du tabac avaient une action préservatrice contre certaines maladies épidémiques : la dysenterie, la fièvre typhoïde, la suette. Ils étaient même portés à croire qu'elles pouvaient arrêter la phthisie dans sa marche. — Les ouvriers des manufactures ne leur accordaient pas peut-être une aussi grande vertu; mais, quand ils étaient atteints de rhumatismes, ils allaient se coucher sur un tas de feuilles de tabac et se disaient guéris, ou tout au moins singulièrement soulagés au réveil.

M. Mêlier fit la part des opinions extrêmes. Il reconnut que la fabrication du tabac exerçait une action incontestable sur la santé des ouvriers; mais cette action n'est pas de celles qu'il est impossible ou même bien difficile de combattre.

De très-grandes améliorations ont été réalisées, sous le rapport hygiénique, dans les manufactures. L'introduction des machines à vapeur a probablement constitué le plus grand des progrès. Elle rend tout à fait insignifiantes certaines opérations, comme le *hachage*, le *râpage*, etc., qui étaient autrefois véritablement dangereuses.

M. Mêlier s'est attaché à signaler toutes les autres améliorations qu'on pouvait réaliser encore. La plupart d'entre elles sont aujourd'hui accomplies. — Et, si nous ne pouvons accorder au tabac d'autre mérite que celui de remplir les coffres de l'État, nous n'avons pas, du moins, à reprocher aux fumeurs la maladie ou la mort de malheureux ouvriers.

Le 26 juin 1845, M. Mêlier était appelé à traiter, toujours au nom de l'Académie de médecine, une question d'hygiène publique, plus importante encore que la précédente. — « *Les marais salants*, demandait le ministre de l'agriculture et du commerce, *sont-ils ou ne sont-ils pas insalubres? Jusqu'à quel point peut-on, sans inconvénients et sans danger pour la santé publique, en autoriser l'établissement?* »

Tout le monde sait que l'industrie qui a pour but d'enlever à l'eau de la mer, par l'évaporation spontanée, le sel qui s'y trouve contenu, est une grande industrie.

Elle intéresse, en France, vingt-sept départements. Elle occupe un grand nombre de bras et doit suffire à une consommation annuelle de 216 millions de kilogrammes. Elle est, en même temps, pour l'État, une source de revenus considérables.

C'est donc une de ces questions complexes auxquelles on ne doit toucher qu'avec une extrême prudence; mais c'est aussi une de ces questions de premier ordre dans lesquelles toute amélioration se traduit par de si grands résultats, qu'il n'est véritablement permis d'en négliger aucune.

Ne craignez pas que M. Mêlier, en se mettant à l'œuvre, méconnaisse l'importance et la difficulté de la tâche qui lui est confiée.

« Placée, dit-il, entre de grands intérêts qu'elle a le devoir de protéger et la santé publique qu'il faut garantir avant tout, l'autorité, dont la difficile mission est de concilier, autant que possible, le bien individuel avec le bien général, les intérêts particuliers avec ceux de l'État et la prospérité de la population, l'autorité en appelle à la science. C'est à la science, en effet, c'est à la médecine que reviennent, de droit, les questions de cette nature. Partout où la santé des hommes est en cause, il faut que la médecine intervienne, et l'on ne saurait espérer de bonnes solutions sans son concours. Si cette vérité fut parfois méconnue, elle tend aujourd'hui à prévaloir, et elle est destinée à grandir et à se développer, à mesure que l'on se fera une plus juste idée du véritable caractère de la médecine et des services que cette science, bien comprise, largement entendue, peut rendre à la société et au gouvernement. »

Quand un homme comme M. Mêlier parle de services à rendre,

on peut être sûr qu'il ne sera bientôt plus question que de services rendus.

La grande discussion sur *la peste et les quarantaines* vint le détourner de son étude sur les marais salants, mais elle ne la lui fit pas oublier; et, le 9 septembre 1847, il lut devant l'Académie de médecine, je ne dirai pas étonnée, mais charmée, un rapport qui fut accueilli comme un véritable modèle.

L'industrie des salins y était décrite et appréciée avec une exactitude et une sûreté de vues magistrales.

Le bien et le mal s'y trouvaient indiqués de la manière la plus nette.

A côté d'un marais salant bien disposé et exploité avec ordre, répandant autour de lui le bien-être et l'aisance, sans compensation regrettable, on voyait l'influence délétère du marais salant mal établi et mal exploité. On était surtout frappé des désastres, il faut bien employer ce mot, qu'entraînait l'abandon des marais sans précautions préalables.

N'est-ce pas une histoire navrante que celle de cette petite ville de Brouage dont les sels étaient autrefois si renommés, et qui, après avoir été longtemps la plus florissante et la plus riche de la contrée, était tombée, pour avoir abandonné ses marais salants, dans un état de ruine et de dépopulation?

« Ce qui arrive alors, dit M. Mêlier, est aisé à deviner. Les canaux qui amenaient l'eau, et ceux qui devaient servir à la faire écouler, les pièces où on la conserve et celles où elle s'évapore, les rigoles destinées à la distribution et les tables de cristallisation, tout cela, fossés, jas, couches, aiguilles, voies de circulation et d'écoulement, laissé à l'abandon, se dégrade, s'envase, s'encombre; les eaux douces et les eaux salées, n'étant plus séparées, se mêlent et réagissent les unes sur les autres et sur les corps organisés qu'elles contiennent. La fermentation s'établit partout; tout ce qui était vie meurt et se décompose, l'infection devient générale. »

Les résultats de cette infection ne se font pas attendre. La mortalité s'élève à 1 sur 12 ou 13, au lieu de 1 sur 40 qui est la moyenne en France ; les terres, devenues improductives, se vendent à vil prix ; la ville de Brouage et les environs sont dépeuplés et ruinés !

Mais voici la contre-partie de ce triste spectacle. — Un administrateur habile et résolu entreprend de mettre un terme à cette désolation. Il réunit en syndicat les propriétaires des marais abandonnés, crée un fonds commun et organise des travaux d'assainissement. — En peu de temps, on voit la mortalité s'arrêter et diminuer de moitié ; les naissances augmentent ; la population reprend courage, et des marais infects sont transformés en bonnes prairies.

Tout cela ne se fait pas sans efforts et sans persévérance ; mais la vieille et salutaire maxime : *Aide-toi, le ciel t'aidera !* fut-elle jamais appliquée avec plus de bonheur ?

Il me reste encore à vous entretenir de bien graves, de bien vastes sujets. Vous m'excuserez si, dans les tableaux que j'ai à vous présenter, tout n'est pas calme et riant. Mais je m'adresse à des hommes, et j'ai à leur parler de fléaux. Quand ces fléaux nous frappent, nous devons, avant tout, nous armer de courage ; quand nous avons le bonheur qu'ils nous laissent en paix, c'est bien le moins que nous en parlions froidement et sans vaines frayeurs.

Tous les pays qui ont été frappés par de grandes épidémies de de maladies contagieuses ont éprouvé le besoin de se protéger par des mesures sanitaires.

Mais ces mesures, trop souvent arrêtées sous l'influence de la peur ou de doctrines erronées, avaient le défaut de manquer complétement d'uniformité. Insuffisantes sur un point, elles étaient excessives sur un autre. Ici on n'atteignait pas le but ; là on le dépassait. Presque partout, les quarantaines devenaient pour le commerce et pour les voyageurs une cause incessante de contrariétés, de retards, de vexations de tout genre, et de pertes matérielles qui s'élevaient parfois à des chiffres énormes.

M. Mêlier comprit tout d'abord qu'il y avait sur ce point de graves abus à réformer. Il n'admettait pas que, dans le bassin de la Méditerranée, où de si grands intérêts français se trouvent engagés, le commerce ne fût pas soumis partout aux mêmes règlements sanitaires. — Tous les pays avaient la même maladie à combattre ; tous devaient employer les mêmes moyens de défense. Il était également désastreux pour tous de faire trop ou de ne pas faire assez.

Il était donc d'un intérêt supérieur de régulariser d'une manière générale les quarantaines, de manière à faire sur tous les points, en Turquie, en Italie, en Espagne comme en France, tout ce qui était nécessaire : rien de plus, rien de moins.

Il avait paru à M. Mêlier que, pour atteindre ce but, il était indispensable de convoquer un *congrès sanitaire international*, où toutes les puissances intéressées se feraient représenter par des administrateurs et des médecins, qui discuteraient et règleraient ensemble leurs intérêts communs.

Dès 1845, lors de la mémorable discussion qui eut lieu à l'Académie de médecine sur la peste et les quarantaines, M. Mêlier avait demandé que le Gouvernement fût invité à provoquer la réunion d'un congrès international.

Cette idée était trop juste pour ne pas aboutir. Elle se réalisait en 1851 ; — et M. Mêlier recevait du Gouvernement la difficile mission de rédiger le *programme* des questions à traiter.

Le 5 août 1851, la commission internationale se réunissait à Paris. « Nul effort ne serait plus fécond et plus puissant, disait le ministre des affaires étrangères, que la sage réglementation, que l'abaissement dans des limites justes et raisonnables des obstacles sanitaires. »

« C'est d'abord la santé publique, ajoutait le ministre du commerce, que nous devons avoir en vue de protéger efficacement. Mais vous n'hésiterez pas à considérer toute mesure qui dépasserait ce but comme un sacrifice sans compensation, et dès lors profondément regrettable, imposé au commerce et aux rapports internationaux. »

C'est sous l'influence de ces idées générales que le congrès se mit à l'œuvre. Pendant plusieurs mois, il se livra à l'étude la plus sérieuse, la plus approfondie de toutes les graves questions qui lui étaient soumises. M. Mêlier, le représentant de la France, — remplit le premier rôle. — Il avait provoqué la réunion du congrès; il avait rédigé le programme des questions à aborder; il prit part à toutes les discussions et y exerça presque toujours une influence décisive.

Après cinq mois de travaux assidus, le congrès national arrêta enfin la convention sanitaire du 19 décembre 1851.

Cette convention réalisait, nous le croyons, un très-sérieux progrès; mais elle s'appliquait à des questions si difficiles, si obscures, si mal étudiées encore, susceptibles de se présenter sous des aspects si divers, que son promoteur ne pouvait compter sur une approbation unanime. Il entraîna de nombreuses, de considérables adhésions; mais il lui resta, — il s'y attendait bien, — de très-ardents adversaires.

L'apparition de la fièvre jaune à Saint-Nazaire, le retour du choléra à Marseille vinrent leur fournir de nouveaux arguments en faveur de la sévérité des anciennes quarantaines.

Marseille, qui tressaille encore au souvenir de sa fameuse peste, Marseille si souvent éprouvée depuis, et que sa situation expose la première aux atteintes du double fléau qui, des bouches du Nil et des bouches du Gange, nous menace toujours, Marseille protestait contre la convention sanitaire !

Elle fait entendre encore aujourd'hui très-haut ses récriminations. — Et pourtant, quand on lit les dernières publications de ses défenseurs les plus autorisés, il nous paraît impossible de ne pas reconnaître que la convention sanitaire était indispensable, et qu'elle ne peut manquer d'avoir une influence salutaire.

On reconnaît, en effet, à Marseille comme à Paris, que les quarantaines se préoccupaient surtout autrefois de prolonger l'isolement du navire et ne faisaient venir qu'en seconde ligne *son assainissement*.

Or, les adversaires du congrès sanitaire reconnaissent, avec lui, qu'il faut complétement *retourner* cette proposition. Assainissez d'abord, disent-ils. C'est l'essentiel. L'isolement ne vient qu'en seconde ligne.

Ils reconnaissent bien aussi que la durée des quarantaines était autrefois prolongée de la façon la plus arbitraire et la plus abusive.

A Marseille, on voudrait leur donner une durée de huit jours. — Mais, en Espagne, cette année même, on n'a permis à aucun navire venant non-seulement d'un pays infecté ou suspect, mais *même d'un pays sain*, d'entrer en libre pratique. Tous les navires devaient, au préalable, aller purger une quarantaine de *dix jours au moins* à Mahon, pour la Méditerranée ; à Vigo, pour l'Océan. (Dr Dumas, de Cette.)

L'Espagne n'a pas été atteinte, il est vrai, et ce résultat justifie bien des cris de triomphe ; mais, au même moment, sur notre littoral, la ville de Cette se protégeait par une quarantaine de trois jours, et elle n'était pas plus atteinte que l'Espagne avec ses dix jours d'isolement.

Or, est-il donc indifférent d'arrêter tout le commerce maritime d'une nation pendant dix jours *au moins*, ou de ne l'interrompre que pendant trois?

Donner aux quarantaines toute la durée nécessaire pour les rendre efficaces, mais ne leur donner que cette durée, — tel est bien évidemment le problème posé.

Pour le résoudre avec certitude, il faudrait d'abord savoir

d'une manière positive quel est le maximum de la durée d'*incubation* du choléra ; nous ne le savons pas.

Les partisans des quarantaines reconnaissent que cette incubation est en général « très courte. » Ils ont vu des cas où elle a été de quelques heures à peine.

MM. Briquet et Mignot disent[1] que, pour la grande majorité des cas, cette incubation est de deux à quatre jours ; passé le cinquième, l'immunité est la règle.

C'est aussi à une période de cinq jours que s'était arrêtée, comme à un maximum, la conférence sanitaire.

On peut, évidemment, discuter sur ce point ! — De nouvelles investigations donneront peut-être d'autres chiffres plus précis et plus sûrs. Loin de déprécier d'avance et systématiquement ces recherches, il faut les provoquer au contraire et attendre avec impartialité les enseignements qu'elles pourront nous donner.

Qu'on attaque, s'il est possible, le choléra-morbus et la peste à leur point d'origine ; qu'on prenne de nouvelles mesures pour les arrêter au passage quand ils marchent vers l'Europe ; qu'on redouble de précautions à Marseille, il n'en faudra pas moins reconnaître avec un des plus savants défenseurs des quarantaines, qu'elles avaient besoin d'être « corrigées et transformées. » — Le congrès sanitaire aura toujours le mérite d'être fermement entré dans la voie des améliorations.

Quelques mots enfin, Messieurs, sur une des missions les plus délicates et les plus graves que M. Mêlier ait eu à remplir.

En 1861, une épidémie de fièvre jaune régnait à la Havane.

Le navire de commerce *Anne-Marie*, après avoir séjourné un mois dans le port, se mettait en route pour la France.

Pendant la traversée, sur seize personnes qui composaient l'équipage, neuf étaient atteintes de la fièvre jaune : deux d'entre elles succombaient.

[1] Briquet et Mignot, *Traité prat. et analyt. du choléra morbus*. Paris, 1850.

Le 25 juillet, l'*Anne-Marie* débarquait à Saint-Nazaire, et, presque aussitôt, parmi les personnes qui avaient eu des rapports plus ou moins directs avec le navire, on voyait éclater une maladie qui n'avait rien de commun avec les maladies ordinaires du pays : c'était la fièvre jaune.

En peu de temps on constatait 44 cas de maladie et 26 décès. C'était une mortalité de 59 pour 100 plus élevée que celle de la fièvre jaune ordinaire.

Toutes ces morts qui se succédaient si rapidement avaient jeté l'effroi dans la population. — La *fièvre jaune* allait-elle donc définitivement sortir de ses anciennes limites ? Devait-elle s'implanter, nouveau fléau, dans notre zone modérée ?

M. Mêlier fut envoyé par le gouvernement pour reconnaître le véritable état des choses, et prendre, d'urgence, toutes les mesures qu'il pourrait juger nécessaires.

N'était-ce pas une responsabilité bien lourde que celle qui pesait, en ce moment solennel, sur l'homme qui avait pour mission de protéger le pays?

M. Mêlier n'en fut ni surexcité, ni troublé. Il se mit à l'œuvre avec son calme et sa netteté d'esprit habituels, bien résolu à faire tout ce qui pourrait être utile, mais à ne faire que cela.

Il constata d'abord qu'il s'agissait bien réellement de la fièvre jaune.

Analysant tous les faits qui venaient de se produire, il les classa en trois catégories, suivant que le mal avait été contracté dans l'atmosphère même du navire ; — à une certaine distance et simplement par approche ; — ou bien, ce qui est plus rare, d'une manière indirecte et par *intermédiaire*.

C'est à cette dernière contagion, par intermédiaire, ou comme on l'a dit encore, de *seconde main*, qu'il faut rapporter la mort d'un pauvre médecin de campagne, M. le docteur Chailloz (du Montoir), qui excita si vivement les sympathies des médecins français.

« Bien que très-impressionné, dit-on, par la mort d'un premier malade, M. Chailloz, dont le caractère chaleureux était de ne rien faire à demi, resta très-longtemps près d'un second malade. Et comme celui-ci souffrait cruellement de douleurs aux reins et de crampes dans les membres, il se mit à lui faire des frictions sur tout le corps pendant trois quarts d'heure. »

Deux jours après, il était pris de la fièvre jaune au milieu de ses courses à la campagne. Le début du mal était si violent, que M. Chailloz était obligé de s'arrêter et de se coucher sur le bord d'un fossé. Des passants le replaçaient sur sa voiture. — Ainsi terrassé par la fièvre, il avait encore le courage de visiter un autre malade avant de rentrer chez lui ; mais, quelques jours après, il succombait. — Noble et touchante fin, Messieurs les élèves, que celle de cet homme qui ne se laisse dominer ni par la peur de la contagion, ni par l'extrême fatigue ; qui fait encore son devoir quand il est à bout de forces, et ne s'arrête qu'à ce moment suprême où la vie l'abandonne ! N'a-t-il pas bien mérité le souvenir attendri et reconnaissant que les hommes de cœur conserveront toujours à sa modeste mémoire ?

Mais revenons à M. Mêlier. Pour arrêter ce mal qui est encore limité, mais qui, d'un moment à l'autre, peut envahir la France, quelles mesures va-t-il prendre ?

Dans des circonstances analogues, on avait eu recours à des moyens extrêmes. A Barcelone, on coulait ; au Port-du-Passage, on brûlait les navires suspects.

C'était d'une efficacité manifeste ; mais la mesure, appliquée d'une manière générale, pouvait, on le comprend, devenir singulièrement dispendieuse.

M. Mêlier crut qu'il était possible d'arriver à une sécurité réelle sans s'imposer de si grands sacrifices.

Il s'était assuré que tous les matelots qui avaient quitté le navire, à son arrivée en France, continuaient à jouir d'une bonne santé. C'était surtout quand on avait pénétré dans *la cale*, pour opérer le déchargement, que la maladie avait éclaté avec le plus de violence. C'est dans la cale qu'était le foyer principal des accidents ; c'est sur elle qu'il fallait diriger tous les moyens d'assainissement.

Le navire fut tout d'abord éloigné de Saint-Nazaire et conduit sur un point isolé. Une abondante solution de sulfate de fer fut versée dans la cale et projetée dans tous les coins par les ballottements que la mer imprimait au navire.

Celui-ci étant alors échoué sur un fond bien choisi pour cette opération, on en pratiqua ce qu'on appelle *le sabordement*, c'est-à-dire que l'on y fit, à marée basse, au-dessous de sa ligne de flottaison, une série d'ouvertures.

Pendant le flux, l'eau de mer se précipitait dans la cale ; elle s'en échappait pendant le reflux, deux fois par jour ; le va-et-vient de la mer opérait ainsi un puissant lavage.

Huit jours après, les ouvertures étaient fermées à marée basse, et, à marée haute, le navire se remettait à flot, sans efforts.

Le danger était conjuré, et conjuré sans sacrifices inutiles!

Mais d'autres navires arrivaient de la Havane. Les mêmes accidents pouvaient se reproduire.

Il fallait donc leur appliquer des mesures préventives, et généraliser en les formulant les mesures à prendre dans les cas de ce genre.

C'est ce que M. Mêlier a fait avec une admirable précision. Sous le régime des anciennes quarantaines, quand arrivait un navire malade, ou simplement suspect, on le retenait en rade, et on retardait son déchargement. On le retenait ainsi parfois pendant cinq et six semaines ; mais, malgré ces longues quarantaines, quelques navires malades donnaient encore la fièvre jaune.

C'est que, selon M. Mêlier, « ce qui doit faire notre salut dans les arrivages dangereux, c'est moins la quarantaine des hommes et des marchandises que *les soins donnés aux navires.* »

Quelques jours d'isolement en un lieu salubre suffisent presque toujours pour dire si les hommes sont malades; — que les marchandises soient déchargées et bien aérées, elles se désinfectent pour ainsi dire d'elles-mêmes.

A Saint-Nazaire, en particulier, ce n'est ni par les marchandises, ni par les hommes que la maladie a été introduite. Les marchandises, livrées immédiatement au chemin de fer, n'ont produit aucun accident. Les hommes, débarqués, n'en ont pas produit davantage.

Il n'en est pas ainsi du navire, et particulièrement de la *cale* où ont longtemps séjourné les hommes et les choses. C'est là que les germes d'infection séjournent le plus longtemps ; c'est là qu'ils se concentrent et se développent avec la plus redoutable intensité ; c'est là qu'il faut diriger les plus énergiques moyens de nettoyage et d'assainissement.

Mais on n'arrive pas à ce résultat en laissant, comme autrefois, les navires chargés. Il faut, au contraire, en opérer le déchargement, — « le déchargement sanitaire » — aussitôt que possible, dans des conditions convenables ; parce que, sans cette mesure préalable, tous les moyens d'assainissement à diriger contre la cale perdent la plus grande partie de leur efficacité.

« Durant la saison de 1862, un grand nombre de navires ont été traités d'après ces principes. Le problème de l'assainissement a été abordé de face et sans perte de temps; puis, les navires eux-mêmes ont été soumis à des mesures de purification profonde et pour ainsi dire intime : on n'a eu d'accidents nulle part! »

Voilà, Messieurs, de grands résultats bien faits pour placer haut dans l'estime publique et la science et le savant qui les ont assurés.

Mais ce n'est pas tout que de combattre le mal présent ; *la prudence*, dont on vous parlait tout à l'heure, veut qu'on prévoie l'avenir. Ce n'est pas un esprit aussi sage que M. Mêlier qui eût pu l'oublier.

Voyez-le donc esquisser à grands traits le développement de la fièvre jaune, et les dangers dont notre vieille Europe est menacée par elle!

Pendant près de deux siècles, la fièvre jaune a semblé devoir rester le triste privilége des Antilles et des golfes voisins. Elle se montre aujourd'hui, avec plus ou moins de fréquence et d'intensité, sur toute la côte orientale des deux Amériques, de New-York à Buenos-Ayres.

Pendant que la côte orientale est ainsi atteinte, la côte opposée, sur le Pacifique, conserve d'une manière absolue son ancienne immunité.

Pourquoi cette différence? La côte occidentale est, par sa constitution même, incomparablement plus salubre que l'autre. Mais est-ce tout? On ne saurait le croire.

A côté des influences naturelles du sol, il y a l'action des hommes.

Entre les Antilles et les divers points de la côte orientale, les communications se multiplient tous les jours. Elles sont pour ainsi dire incessantes.

Pour aller, au contraire, des Antilles dans le Pacifique, il faut faire un immense détour, passer le détroit de Magellan, ou doubler le cap Horn. C'est un trajet de plusieurs milliers de lieues. Est-il étonnant que les rapports soient plus rares, et que, pendant le trajet, les maladies contagieuses aient le temps de s'éteindre?

Mais que l'isthme de Panama soit coupé; que, entre l'Océan et le Pacifique, il n'y ait plus de barrières; et très-probablement la fièvre jaune envahira des pays qu'elle a jusqu'à ce jour respectés.

Il n'en faut pas moins couper l'isthme. Le progrès veut que les peuples puissent se rapprocher et s'unir : que le progrès s'accomplisse! si le bienfait n'est pas sans compensation douloureuse, le courage et le génie de l'homme sauront bien y pourvoir!

En Europe, à défaut d'isthme, nous avons été longtemps protégés par notre éloignement même. Mais avec la vapeur, nos communications se multiplient à l'infini. Le danger ne croît pas dans les mêmes proportions; mais, il faut bien le dire, il augmente.

Saint-Nazaire n'est pas le seul point de notre littoral que la fièvre jaune ait atteint. Elle s'est montrée à Brest, au Havre et à Bordeaux; dans la Méditerranée, on l'a vue à Toulon et à Marseille.

Toutes ces atteintes ont été légères; il n'en faut pas moins se tenir en garde, et veiller.

Je faisais, il n'y a qu'un instant, la partie belle aux ennemis des idées modernes, en avouant les dangers possibles du percement d'un isthme. Je suis heureux maintenant de dire aux amis du progrès que si le vieux navire à voiles, avec sa cale profonde et si mal aérée, était merveilleusement disposé pour devenir un foyer d'infection, il en est tout autrement du navire à vapeur. — Le foyer de la machine donne lieu à un tirage continu et puissant, qui est un admirable moyen de ventilation et d'assainissement.

Et pourquoi ne verrait-on pas aussi dans les chemins de fer de vrais agents de purification pour les hommes et les choses qui partent d'une ville infectée? — Conçoit-on de plus puissants moyens d'aérage et de ventilation? Les courants d'air qui s'y établissent naturellement doivent nettoyer tous les corps soumis à leur action et disperser les germes nuisibles qui se trouvent à leur surface.

La ventilation, qu'on ne peut opérer ailleurs qu'à grands frais et de la manière la plus incomplète, s'exécute ici spontanément avec une incroyable énergie. Il suffirait, pour les marchandises surtout, de quelques dispositions des plus simples pour la rendre parfaite. — Quelle différence entre ces colis placés sur un wagon découvert, courant à grande vitesse, et ces marchandises qui croupissent au fond d'une cale, au milieu d'une atmosphère immobile et infecte!

Quelle différence aussi entre ces caravanes et ces corps d'armée qui tiennent des masses d'hommes si longtemps et si étroitement rapprochés au milieu d'une atmosphère forcément infecte, et qui, forcément aussi, le devient à chaque instant davantage, — et ces voyageurs placés au large dans des wagons bien ouverts, où un air confiné ne saurait séjourner, et où pénètre, au contraire, d'une manière incessante, un air toujours nouveau !

Si les anciens modes de transport semblaient organisés pour l'infection, les nouveaux, en temps d'épidémie, ne peuvent-ils pas concourir puissamment à l'entretien de la salubrité publique ?

Jusqu'à présent, Messieurs, j'ai tâché de vous faire connaître les principaux mémoires publiés par M. Mêlier sur les grandes questions d'hygiène publique.

Mais ils ne constituent qu'une partie de son œuvre.

Pour en avoir le complément, il faudrait suivre M. Mêlier à l'Académie de médecine, au comité consultatif d'hygiène publique, à la commission des logements insalubres, dans toutes ces réunions où les conseils de sa haute expérience étaient à si juste titre invoqués.

Cette recherche nous mènerait évidemment trop loin. Mais nous pouvons du moins vous dire comment ses travaux et son action personnelle y étaient appréciés. — Écoutez ce qu'en disent ses collègues :

« En 1863, — c'est M. J. Bergeron [1] qui parle au nom de l'Académie, — on le vit partir pour Saint-Nazaire avec cette sérénité qui ne l'abandonnait jamais, et qui fut, plus d'une fois, la marque irrécusable de son admirable courage; puis, lorsqu'il revint, ce fut pour lire à l'Académie, sur l'objet de sa mission, le travail le plus complet et le plus achevé qu'il eût encore produit. Je suis sûr, en effet, de n'être contredit par personne si j'avance que jamais étude d'hygiène publique n'atteignit à ce degré de perfection. »

[1] Bergeron. *Bull. de l'Acad. de méd.*, 1865-66, tome XXXI. p. 1167.

« Merveilleusement organisé pour le travail et l'attention, — dit ailleurs M. Amédée Latour, au nom du comité d'hygiène, — M. Mêlier, dans les différentes fonctions administratives et scientifiques qu'il a eu à remplir, a produit une œuvre immense qui, pieusement réunie et colligée, formerait la collection la plus précieuse, la plus savante et la mieux étudiée des principes et des applications de la législation sanitaire. »

Au sein de la commission des logements insalubres, quel zèle et quelle sûreté de jugement n'a-t-il pas déployés!

« Presque toujours arrivé le premier, il ne quittait le bureau que le dernier, après de longues séances pendant lesquelles il donnait constamment des preuves d'une rare intelligence des questions qu'il s'agissait de résoudre. C'est ainsi qu'il a dirigé et discuté plus de 16,000 rapports préparés par les membres de la commission sur autant de maisons visitées et améliorées au point de vue de la salubrité.

« Il n'avait pas pris une moindre part à l'étude attentive des 1,500 écoles de la ville de Paris.

« Lorsque la commission a dû s'occuper de questions générales, telles que la ventilation, le chauffage, l'encombrement, la vulgarisation de l'emploi de l'eau, etc., il a toujours puissamment contribué à la solution de ces importants problèmes [1]. »

Ce n'était pas encore assez pour cet amour du devoir que l'âge et les fatigues n'affaiblirent jamais.

En juillet dernier, au moment où l'épidémie cholérique sévissait avec le plus de violence, M. Mêlier accompagnait à Amiens le ministre de l'agriculture et des travaux publics.

Presque aussitôt après, il traversait la France et allait remplir en Corse une nouvelle mission sanitaire.

Il revenait à Marseille, et, malgré les fatigues d'une excursion pénible et la chaleur d'un soleil brûlant, il voulait visiter le lazaret

[1] M. Robinet.

de Ratoneau, à l'installation duquel il avait pris, en 1850, une si grande part.

Mais ce devait être son dernier effort, nous pourrions dire sa dernière campagne, car le lazaret était pour lui un vrai champ de bataille. Il y avait vaillamment combattu, il était digne d'y mourir.

Frappé, le 6 septembre, de congestion cérébrale, il succombait le 16, entouré des plus tendres soins par une famille toute pénétrée des vertus et des nobles sentiments de son chef.

Telle fut la vie de M. Mêlier.

Imitez-la, Messieurs et chers élèves, et vous me remercierez un jour de vous l'avoir fait connaître.

M. Mêlier a publié :

Essai sur le diagnostic médical; thèse inaugurale pour le doctorat en médecine, soutenue le 19 juin 1823.

« Membranæ mucosæ gastro intestinalis læsiones variæ quæ in febribus hucusque essentialibus dictis sæpissime occurrunt, sunt-ne morbi causæ, effectus, complicationes ? » Thèse en latin, soutenue dans le premier concours pour l'agrégation en 1823.

Expériences (faites à l'hôpital Saint-Louis) sur le traitement de la gale; travail dans lequel vingt-deux moyens différents sont comparés sous le rapport de la durée du traitement, des inconvénients pour le linge, des effets locaux et généraux, etc. (*Journal général de médecine* ou *Recueil des travaux de la Société de médecine de Paris*. Paris, 1824, t. LXXXVIII, p. 23).

Mémoire sur une paraplégie produite par des hydatides (acéphalocystes) développées dans le canal vertébral (*Ibid.*, 1825, t. XCII, p. 33).

Divers rapports lus à la Société de médecine, à Paris, sujets variés, et imprimés, d'après sa décision, dans le *Recueil de ses travaux*, ou dans la *Revue médicale*. Tels sont : Rapport sur le traitement des névralgies (en commun avec M. Roche) (*Journal général de médecine*, 1827, t. XCVIII, p. 293). Sur des considérations pour servir à l'histoire des phlegmasies (en commun avec M. Sanson) (*Journal gén. de médecine*, 1825, t. XCIII, p. 385). Sur l'emploi du tartre stibié dans les maladies (*Transactions médicales*, 1832, t. X, p. 304). Sur le cancer de la matrice, ses causes, son diagnostic et son traitement (*Revue médicale*, t. III, p. 375, 1837).

Lettre au rédacteur de la *Gazette de santé*, ayant pour objet de revendiquer, en faveur de la chirurgie française, le procédé des injections pour la cure radicale de l'hydrocèle, attribué à tort aux chirurgiens anglais (*Gazette de santé*, février 1826, n. 4).

Observation sur une péritonite et une phlébite puerpérales, avec formation dans la fosse iliaque d'un abcès ouvert par le vagin (*Ibid.*, 1827, t. XCVIII, p. 73).

Note sur l'emploi du sous-carbonate de fer dans le traitement des névralgies (*Ibid.*, 1827, t. XCIX, p. 1.

Sur l'action narcotique du pavot indigène; observations d'empoisonnement occasionné par cette substance (*Archives générales de médecine*, 1827, t. XIV, p. 406).

Mémoire et observations sur quelques maladies de l'appendice cæcal (*Journal général de médecine*, 1827, t. C, p. 317).

Lettre sur le traitement des fractures comminutives, au moyen d'un appareil immuable (*Ibid.*, 1827, t. CV, p. 341).

De l'influence de l'instruction sur la santé publique et la mortalité, lu à l'Académie de médecine (une analyse détaillée de ce travail a paru dans les *Archives générales de médecine*, 1828, 1re série, t. XVII, p. 459).

Note et observation sur la névrite (*Journal général de médecine*, 1829, t. CVIII, p. 155).

Sur la luxation de la clavicule ; description d'un appareil pour la contenir ; mémoire accompagné d'un planche (*Archives générales de médecine*, 1829, t. XIX, p. 53).

Considérations pratiques sur le traitement des maladies de la matrice ; modifications au *speculum uteri*, mémoire adressé à l'Académie royale de médecine, qui en a ordonné l'impression (*Mémoires de l'Académie royale de médecine*, 1833, t. II, p. 330, in-4°.

Études sur les subsistances envisagées dans leurs rapports avec les maladies et la mortalité, lu à l'Académie le 7 septembre 1841 (*Mémoires de l'Académie de médecine*, 1843, t. X ; *Annales d'hygiène publique et de médecine légale*, 1843, 1re série, t. XXIX, p. 305).

Des affections intermittentes à courtes périodes ; lu à l'Académie de médecine le 7 juin 1842 (*Bull. de l'Acad.*, 1841-42, t. VII, p. 875, et *Mémoires de l'Académie de Médecine*, 1843, t. X).

Expériences et observations sur les propriétés toxiques du sulfate de quinine ; lu à l'Académie de médecine le 14 février 1843 (*Bull. de l'Acad.*, 1842-43, t. VIII, p. 683 et *Mémoires*, 1843, t. X).

De la santé des ouvriers employés dans les manufactures de tabac, rapport lu à l'Académie de médecine le 22 avril 1845 (*Bulletin de l'Académie de médecine*, 1845. t. X, p. 569 ; *Mémoires de l'Académie de médecine*, 1846, t. XII ; *Annales d'hygiène publique*, 1845, t. XXXIV, p. 241).

Quelques remarques sur les statistiques, lu à l'Académie de médecine (*Bulletin de l'Académie de médecine*, 1843-44, t. IX, p. 700).

Sur la peste et les quarantaines (*Ibid.*, 1846, t. XI, p. 1311 et t. XII, p. 74 et *passim*).

Rapport demandé par S. Exc. le Ministre de l'agriculture et du commerce sur les marais salants, fait à l'Académie royale de médecine les 9 et 16 novembre 1847 (*Bull. de l'Acad. de méd.*, 1847-48, t. XIII, p. 259, 325 ; *Mémoires de l'Académie de médecine*, 1847, t XIII, et *Annales d'hygiène publique*, 1848, 1re série, t. XXXIX, p. 87 et 241, avec 4 pl.).

Communication au sujet de l'Institution de médecins sanitaires envoyés dans le Levant (*Bull. de l'Acad. de méd.*, 1847-48, t. XIII, p. 1392.

Ouverture du Lazaret de Ratoneau. Discours prononcé par M. Mêlier. Marseille, 1850, in-8, 16 pages.

Discussions sur le régime sanitaire considéré au point de vue international (Procès-verbaux de la conférence sanitaire internationale tenue à Paris en 1851. Paris, 1852).

Relation de la fièvre jaune survenue à Saint-Nazaire en 1861, lue à l'Académie de médecine dans les séances des 7, 14, 21, 28 avril 1863 (*Bull. de l'Acad. de méd.*, 1862-63, t. XXVIII, p. 585 et 977 ; *Mémoires de l'Académie de médecine*, 1863, t. XXVI, p. 1 à 234, avec 3 planches gravées).

Discours prononcé par M. Mêlier, président de la Société d'hydrologie médicale de Paris, dans la séance d'ouverture de la session de 1858-59. (*Annales de la Société d'Hydrologie*, 1859, tome V).

PARIS. — IMP. SIMON RAÇON ET COMP., RUE D'ERFURTH, 1.

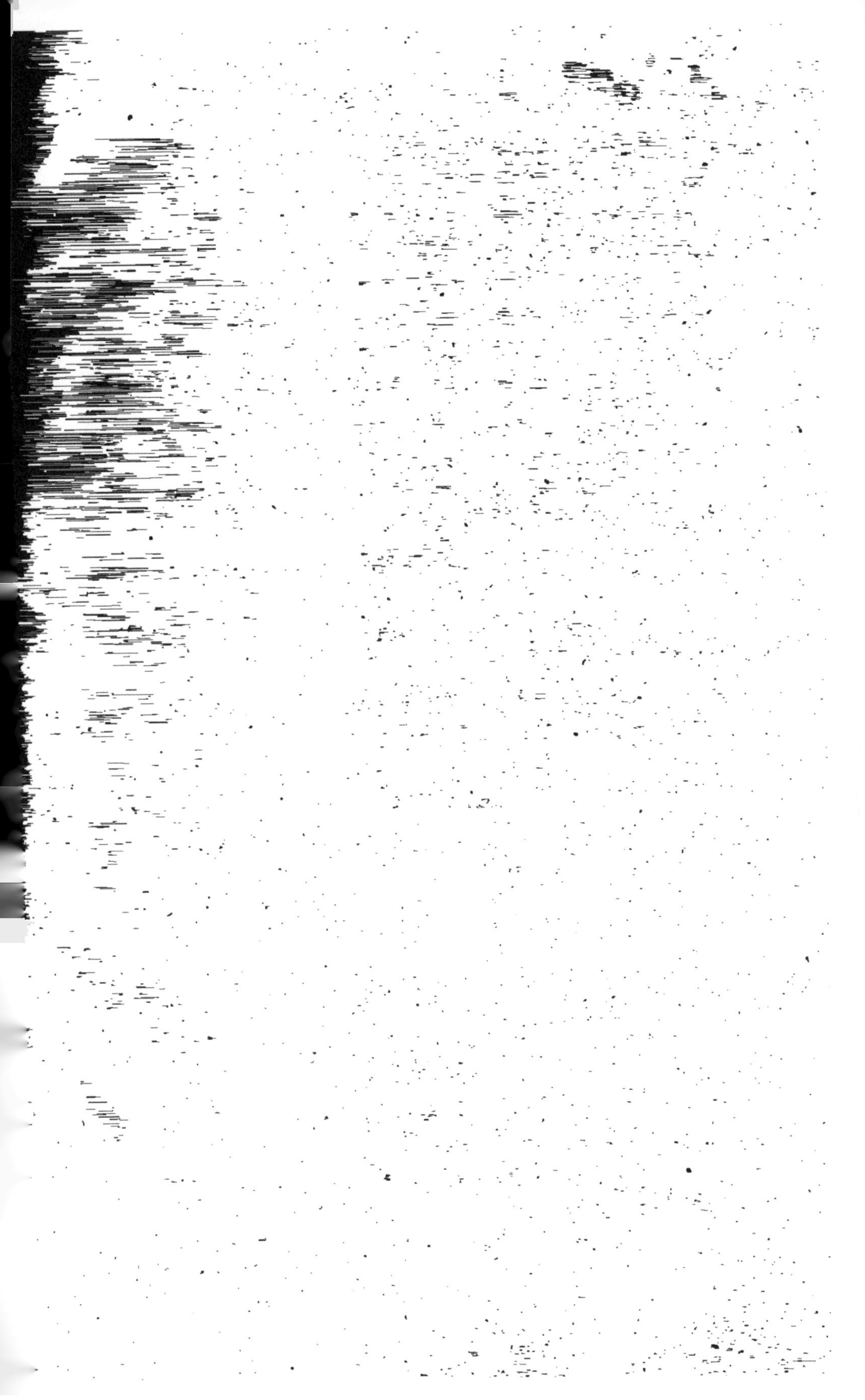

PARIS. — IMP. SIMON RAÇON ET COMP., RUE D'ERFURTH, 1.

www.ingramcontent.com/pod-product-compliance
Ingram Content Group UK Ltd.
Pitfield, Milton Keynes, MK11 3LW, UK
UKHW020356250726
13967UKWH00005B/2311

9 782012 960572